六项精进

〔日〕稻盛和夫——著
周征文——译

稻盛开讲
05

人民东方出版传媒
People's Oriental Publishing & Media
東方出版社
The Oriental Press

图书在版编目（CIP）数据

稻盛开讲.5,六项精进/(日)稻盛和夫著;周征文译.—北京:东方出版社,2015.1
ISBN 978-7-5060-7944-0

I.①稻… II.①稻…②周… III.①稻盛和夫—企业管理—经验 IV.① F279.313.3

中国版本图书馆 CIP 数据核字 (2015) 第 014023 号

稻盛开讲 5：六项精进
（DAOSHENG KAIJIANG 5：LIUXIANG JINGJIN）

作　　者：［日］稻盛和夫
译　　者：周征文
责任编辑：贺方
出　　版：东方出版社
发　　行：人民东方出版传媒有限公司
地　　址：北京市东城区朝阳门内大街166号
邮政编码：100010
印　　刷：北京联兴盛业印刷股份有限公司
版　　次：2015 年 7 月第 1 版
印　　次：2024 年 1月第 29 次印刷
印　　数：111 001–114 000 册
开　　本：787 毫米 ×1092 毫米 1/32
印　　张：4.75
字　　数：34 千字
书　　号：978-7-5060-7944-0
定　　价：36.00 元
发行电话：（010）85924663　85924644　85924641

一本书连接世界

2012年6月初重庆盛和塾举办了稻盛经营哲学重庆报告会，1700名企业经营者参加了这次盛会。作为秘书长的我很荣幸主持了6月3日晚报告会的空巴晚宴，近距离领略了稻盛先生的魅力，从此开始了学习、践行、传播稻盛哲学之路。在一次金夫人集团的学习会上，我一直追随的一位老师讲到他学习“六项精进”的收获，他说自己两年来只践行了六项精进中的一条“天天反省”，生命就发生了根本性的变化，老师的教诲深刻影响了我对六项精进的学习与践行。

2013 年在稻盛经营哲学成都报告会期间，稻盛先生接受中央电视台采访时说到他的哲学思想深受中华经典文化的影响，特别是王阳明的“致良知”。2014 年我开始学习阳明心学，用近十年的中华文化学习、践行所收获的功夫，反复体悟六项精进对个人成长的引领，按“心、道、德、事”四个层级去解读每一条，给自己的成长带来很大的收获。新冠肺炎疫情三年以来，感受到不少企业经营者的经营压力以及他们团队的乏力感，先后与十几家企业共创了“六项精进”研学坊，心解六项精进，立志、勤学、改过、责善，把稻盛先生的六项精进内化为每家企业的“六项精进”，并每月反复践行落地，实质性地完成稻盛哲学的血肉化，取得不错的效果。

一年的时间近15000本《六项精进》通过研学坊传递出去，在“连接优秀文化，助力团队成长”的使命引领下，“润丰研学”将持续用“六项精进”去连接更多的企业经营者，以此致敬人生之师、“经营之圣”稻盛和夫先生。

润丰研学架构师：周润丰

2023.6.22

扫码即可收听有声版

積善行思利他

编者按

京瓷及KDDI的创始人稻盛和夫先生，作为聚拢年轻企业家的盛和塾的塾长，为培养并提携经济界的新生力量倾注了毕生心血，通过盛和塾的历届活动，亲口传授其独树一帜的人生哲学与经营理念。

与此同时，作为经济、政治以及文化等众多领域的舆论领袖，稻盛先生的言谈常常备受瞩目。

稻盛先生的演讲字字珠玑，惜有幸亲临现场聆听者甚为有限。此次整理演讲原文，悉数结集出版，并将 CD 随书一同发售，望能惠及更多人士。

本系列丛书，若果真能为诸位的人生助一臂之力，成就辉煌未来，那真可谓是荣幸之至！

本书将 1992 年 11 月 17 日稻盛先生在盛和塾新潟例会上的演讲整理成文，DCD 中收录其演讲原音。会议现场录制，音质可能会有不尽人意之处，望能予以谅解。

本书 DCD 与 KCCS 管理咨询株式会社

所发售的《稻盛和夫经营讲话CD系列》第7卷《远大志向与努力》内容相同。本书根据演讲录音整理，为阅读之便，稍作改动与编辑。

目录

积善行、思利他

不要有感性的烦恼

自序 “六项精进”创造美好人生

近来，经济环境每况愈下。日本自不必说，就连世界经济形势也日益严峻。企业的经营环境在今后恐怕会进一步恶化，对此我忧心忡忡。

回首往昔，在这25年间，我在盛和塾与学员们所分享的，都是我通过经营企业而获得的经验和体会。我一直在与大家面对面地讲述我自己的一些心得体会。

鉴于如今严酷的现实状况，我觉得应该把我曾经讲过的一些内容，借着这个机会再讲一次。虽然有些内容是我一直在重复强调的，但我还是想把自己在经营实践中的所想所感，我认为必须做到的各方面内容，在这里与大家再次分享。

在我年轻时、还没有提炼出“经营十二条”[1]的理论系统之前，我曾经讲过有关“六项精进”的内容，如果想出色地经营企业以及度过美好的人生，那么这“六项精进”必不可少。

我认为，无论是维持企业的经营，还是

度过美好的人生，“六项精进”都是需要恪守的基本条件。

我相信，各位只要遵循我接下来要讲的“六项精进”，并坚持每天付诸实践，那么各位的人生就会变得美好，甚至好得超出自身的能力范围。事实上，我自己就是一个实践“六项精进”的活生生的例子。

如果想自己一生美好、一生幸福、一生平安，如果想让企业茁壮成长、员工喜悦、经营出色，那么忠实恪守“六项精进”则很关键。

出色地经营企业，幸福地度过人生，这绝非难事。我认为，只要恪守这“六项精进”，你的理想不但不难实现，反而可以说是水到渠成。

注：

经营十二条

（一）明确事业的目的与意义

（二）设立具体的目标

（三）胸怀强烈的愿望

（四）付出不亚于任何人的努力

（五）销售最大化、经费最小化

（六）定价即经营

（七）经营取决于坚强的意志

（八）燃烧的斗魂

（九）拿出勇气做事

（十）不断从事创造性的工作

（十一）以关怀之心，诚实处事待人

（十二）保持乐观向上，心怀梦想希望

付出不亚于
任何人的努力

拼命努力工作是人生幸福的条件

“六项精进”的第一项是，“付出不亚于任何人的努力”。我在讲解“经营十二条”时，也一直向大家强调“付出不亚于任何人的努力”。而在“六项精进”中，我把这一项放在首位。

在企业经营中，“付出不亚于任何人的努力”是最为重要的。换言之，“每天拼命努力工作”是重中之重。并且，每天认真工作也是度过幸福、美好人生的先决条件。

也就是说，不管是想度过美好的人生，还是想出色地经营企业，都应该做到“付出不亚于任何人的努力”，拼命努力工作。如果做不到这点，那么就企业经营的成功也好，自己人生的成功也好，都无从谈起。

如果对待工作抱着好逸恶劳的态度，总想让自己轻松一点，那么不用指望经营企业能够获得成功，就连美好的人生也只能是泡影了。

说得极端一点，身为企业家，只要拼命努力地工作，那么企业的经营势必会顺风顺水。今后的经济形势或许会非常严峻，但不管经济多么低迷，也不管我们处在怎样的时代，我相信，只要能够做到拼命努力工作，就完全能够渡过这些难关。

许多人认为，要想把企业经营好，最重要的是制定“经营战略”或“经营战术”。但事实上，只有“拼命努力工作”才是成功的唯一途径。

回想过去，我27岁时，在合伙人的帮助下，创立了京瓷公司，我就这样走上了企业家的道路。可当时的我对于经营企业简直是一窍不通，只是满脑子想着“不能让公司倒闭，不能给帮助我创业的人们添麻烦”，于是我拼命努力地工作。每天从清早工作到晚上十二点多，半夜一两点下班是家常便饭。我就是这样日复一日地坚持，日积月累地努力。

2009年，京瓷公司迎来了创立50周年。回想起来，在我创业以来的50年间，我一直在坚持努力工作。可以说，京瓷之所以能有今天的成就，完全是企业员工上下一心、努力工作的结果。从发生在我身上的这个活生生的例子来看，大家也能够明白“拼命努力工作”的确是取得成功的不二法门。任何经营的诀窍都比不上“拼命努力工作”的效果。

这个道理不仅适用于企业家。学者也好，艺术家也好，凡是取得伟大成就的人，都是坚持奋斗、拼命努力之人。

讲到这里，我想到了我的舅舅和舅妈。第二次世界大战结束后，他们从“伪满洲国”身无分文地回到鹿儿岛后，就当起了卖菜的小贩。

舅舅的文化水平并不高，只是战前旧制小学的毕业生而已，回到鹿儿岛后，他每天去批发蔬菜，然后拉着装满蔬菜的大板车叫卖。当时亲戚中的有些人会背地里尖酸刻薄地说：“那家伙一没文凭二没水平，所以即便是大热天，也只能拉着大板车，汗流浃背地当小商贩。”话语中透着几分轻蔑与不屑。

身材矮小的舅舅每天把蔬菜堆到比他个头高得多的大板车上，然后拉着它到处叫卖。无论寒暑，天天如此。这一幕在我幼小的心中留下了很深刻的印象。

现在回想起来，那时候的舅舅肯定不懂什么企业经营、销售技巧、财务会计之类。但他就是凭着拼命努力工作的这股劲儿，从小小的菜贩子做起，最终成了一家大蔬菜店的老板，而且一直到晚年，他都把生意打理得很不错。

舅舅的经历让我从小就明白了一个道理——一个人即便没有什么学识，但只要能够默默地拼命努力工作，就能够取得优秀的成绩。

大自然的动植物
都在拼命努力地活着

我之所以强调对待工作要有“拼命努力”的态度，是因为在自然界，“拼命努力”的生活态度是所有生物生存的前提。

人总是这样，一旦赚了点钱，一旦自己的公司发展顺利，就会好逸恶劳、心生歪念，而自然界是绝对不存在这种情况的。自然界的动植物都在拼命努力地活着，无一例外。

从这样的自然现象就能知道，极度认真地过好每一天，拼命努力地工作，这对我们人类而言，也是应尽的本分。

即便在夏日烈阳的炙烤下，柏油路面的缝隙中还是会有杂草发芽。在持续的高温日照下，这样的杂草恐怕活不过一周就会枯萎。但就是在这种水分和土壤都不充足的恶劣环境下，杂草还是在发芽生长。

在自然界，即便是在非常严酷的环境中，仍然会有植物播种、发芽、抽叶，竭尽全力地进行光合作用（碳酸同化作用），然后开花结果，结束惊鸿般短暂的一生。我们经常能够目睹这种现象，譬如杂草在石墙缝隙中发芽、开花。

我曾经看过一档电视节目，其讲述的是沙漠中的植物。节目里说，即便在环境严酷、黄沙滚烫的沙漠中，一年中也会下几次雨。每次雨后，沙漠中有的植物就会立即发芽、抽叶、开花结果，在短短的数周后枯萎凋零。这些植物平时潜伏在沙漠中，竭尽全力地努力存活。等到些许甘霖降临时，为了留下“子孙”，它们开花结果，然后让果实落至地表。

通过这种方式，播下的种子就能在来年再次降雨时发芽。这些植物就是这样，在短短数周的时间内竭尽全力地绽放生命，然后离开这个世界。

植物也好，动物也好，都是在严酷的条件下努力求生存。在自然界，没有任何一种生物活得“随意而懒散”。本着遵循自然界的生存法则，人类作为地球生物的一员，也应该认真、努力地度过每一天。我认为这是大自然对所有生物的基本要求。

在我刚开始创业时，还不知道这种自然界的常理。当时的我只知道“如果不努力，公司的经营就会出现问题”。我抱着这样的“敬畏之心”，拼命努力地工作。生性胆怯的我，以这样的“敬畏之心”一路打拼过来。如今回想起这段岁月，我认为自己做得很正确。

直到现在，我都没有动摇过这样的信念，那就是“不管经济形势有多低迷，不管经营环境有多恶劣，无论作为一个企业家，还是作为一个普通人，付出比别人多一倍的努力，是成功所必需的基本条件”。

有一个问题，我曾经问过各种各样的人，那就是“你是否在努力工作”，可我得到的回答往往是“是的，我在努力工作”。我察觉到这种提问方式没有意义。所以现在我会这样问——“你是否有在付出不亚于任何人的努力？”“你的工作热情是否不输给任何人？”

即便你说自己在努力工作，但如果这个“努力”的标准是你自己制定的，如果这个“努力”只是与你自身纵向比较的结果，那么这样的“努力”是不够的。如果不更加认真、更加拼命努力地工作，那么你所经营的企业也好，你自己的人生也好，都无法顺利发展。正是基于这样的意义，我才会提出

“付出不亚于任何人的努力”这条原则。

拼命工作，付出不亚于任何人的努力，这是全世界所有生物理所当然的应尽义务。我认为，包括人类在内，任何生物都无法逃避该义务。

只要喜欢上自己的工作，自己便“不以为苦”

拼命努力工作，其本身是一件很苦的事。为了能够每天坚持这样的“苦行”，需要让自己喜欢上所从事的工作。如果是自己喜欢的事，就能够做到“努力，努力，再努力”。

一个人如果爱上了自己所从事的工作，虽然旁人觉得“这么辛苦，这么拼命，很够呛吧”，但作为当事人的自己却很清楚——由于精神的愉悦，这点苦完全不算什么。

我从年轻时起就抱有这样的想法，所以我努力让自己喜欢上所从事的工作。

在大学毕业后，我因为找不到工作，所以通过恩师介绍，进了一家制陶公司。可我原本就不太喜欢陶瓷行业，对制陶也没什么兴趣。而且在入职后，我发现“拖欠员工的工资”是那家公司的常态，因此我对该公司产生了不满。

可如果一味地抱着“心怀不满，满腹牢骚”的态度进行产品研发，那就绝对不可能进展顺利，因此我决心让自己喜欢上这份工作。我明白，如果在工作时无法做到“乐在其中”，就无法全身心地投入研发。

当时的我情窦初开，对爱情产生了憧憬。也正好学到了一句谚语——“有情人相会，千里不过一里”。去和自己深爱的恋人相会，即便是千里的漫漫长路，走起来和一里的短途也没什么差别。不管多么疲惫，一想到要和心上人相见，即便是千里的路途，也能“等闲视之”“毅然前往”。这就是“有情人相会，千里不过一里”的含义。

这句谚语的确有道理，一旦产生了“喜

欢”的感情，那么不管多么辛苦，都能做到不以为苦。于是我努力让自己喜欢上自己的工作和研究课题。

如果你的工作正好是你的爱好，那当然皆大欢喜。但这种能把爱好当工作的幸运儿，可以说是极少数。绝大部分人之所以从事目前的工作，往往是为了生活。因此就需要努力让自己喜欢上所从事的工作。

先要努力培养自己对工作的感情，一旦真的喜欢上自己的工作，那接下来就水到渠成了。做到“付出不亚于任何人的努力”也不再是一件难事。虽然旁人在疑惑“那么起早贪黑地打拼，不会把身体搞垮吗”，但自己却能够不以为苦、泰然自若地完成工作。

虽说“成功有诸多途径”，但如果没有“拼命努力工作”这个基础，那么成功就无从谈起。在如今经济形势低迷、且可能更加萧条的大环境下，我认为，企业如果想继续生存下去，“拼命努力工作”的态度尤其不可或缺。

创意来源于不断的努力钻研

如果在工作中能够做到每天认真投入，努力奋斗，那么势必就不会对工作漫不经心，虚度光阴。这样拼命努力，工作认真，还会产生另一个“效用”。

不管是谁，一旦喜欢上了自己的工作，一旦拼命努力工作，就势必会产生想提高自身工作质量的意愿。于是便会养成积极思考的习惯，考虑一系列与工作相关的问题。比如“有没有更好的方法”“有没有能够进一步提高效率的方法”等等。

一边努力工作，一边思考提高工作质量与效率的方法，这等于是每天在坚持发挥自己的创意。凭着“明天比今天进步”“后天比明天进步”的劲头，以“主动自觉”的态度，不断钻研，积极开展工作。

于是，在这样全身心投入工作的过程中，由于努力钻研，勤于思考，便会想出优秀的创意，获得宝贵的启示。

我认为自己绝对算不上才智过人，但我的确每天都在努力工作，刻苦钻研，我不断思考如何进步，不断思考更好的工作方法，不断思考更好的推销方式以增加销量，不断思考更好的生产制造方法。

而这种“孜孜不倦”的认真态度，使得我和企业都取得了令人惊叹的进步，连我自己都感到不可思议。京瓷公司之所以能够开发出如此多的新产品，之所以能够开拓出如此广阔的新市场，都是不断钻研、发挥创意的结果。

反之，如果做不到“拼命努力工作”，

那么优秀的创意就不会出现。如果工作态度马马虎虎、吊儿郎当，那么即便绞尽脑汁地思考“有没有什么好办法”，精妙的构思也不会浮现。只有拼命努力、不辞辛劳，以“撞了南墙也不回头”的精神冥思苦想，才能牵动神灵的恻隐之心，让神灵赐予新的启示。对于这点，我坚信不疑。

以真挚、投入、专注的态度坚持努力，即便遭遇瓶颈、陷入僵局，也决不放弃，而是坚持努力思考。我相信，这样的精神能够感动上苍，即便是像我这种生性愚笨的人，神灵也会给予新的智慧、新的灵感以及新的启示。

我认为，我之所以能够获得原本不可能得到的精妙创意和智慧，是我拼命努力工作的结果。

纵观世界上取得伟大发明的人、获得伟大发现的人、开发出新产品的人、开发出新技术的人，这些人都有个共同点，那就是“付出不亚于任何人的努力”。他们坚持钻研，发挥创意，从而获得了精妙绝伦的灵光闪现。反之，获得成功也好，取得伟大发明或获得伟大发现也好，对于工作懒散的人，只能是天方夜谭。

从这点也能看出，如果能做到“以励精图治的态度付出不亚于任何人的努力”，那么不管对一个人的事业还是人生，都能产生非常大的积极影响。

勤奋专注工作是
一种灵魂的修行

另外，还有一点很重要。

一个人如果从清早一直努力工作到深夜，那么他势必没有什么闲工夫。古人云“小人闲居为不善”，人只要一有空闲，就容易动歪念、做坏事。所以说，一个人如果忙于事业，拼命工作，也就意味着让自己没有时间去心生杂念。

禅宗的僧人及修验道的修验者（修验道是日本人把故有的山岳信仰与外来的佛教相结合而形成的宗教。修验道的实践者被称为“修验者”或“山伏”。——译者注）通过艰苦修行来磨砺自身的灵魂。他们“制心一处”，通过持续修行，让一切杂念妄念无法乘虚而入；他们去心垢染，磨砺心志，从而形成纯粹清净的人性及高尚美好的人格。

如果一个人能做到拼命努力工作，那么和上述的修行一样，他就没有闲暇去心生杂念妄念。也就是说，努力工作与磨砺灵魂息息相关。

我一直在向大家反复强调——“只要坚持磨砺灵魂，就会生出利他之心、行善之心、体谅他人的慈悲善良之心。如果一个人心存这样的善念，本着‘为世人为社会尽力’的心念实践善行，那么他的命运势必会朝着好的方向转变”。

即便只是一心专注于公司的工作，每日埋头苦干，也能起到磨砺自身灵魂、净化自身心灵的作用。只要心灵得到净化，那么“动善念，行善举”便是水到渠成的事。虽说“命运由天，不知祸福”，但这种从善的心念与行动确实具有能够改善命运的力量。

28 年前，当时京瓷公司的规模远远不及现在。我承蒙企业界同仁的厚爱，应邀创办了盛和塾。从那时起，直至今日，我一直拼命努力工作，使京瓷公司和第二电电（即现在的 KDDI 公司）发展壮大，并坚持把其中的心得体会不断与大家交流分享。

不讲空泛的大道理，把经营企业的真才实学分享给大家。这是我作为盛和塾塾长的一贯原则。如果把我教给大家的最宝贵的知识用一句话浓缩概括的话，那就是“拼命努力工作”。

“六项精进”中的第一项——“付出不

亚于任何人的努力”，即“拼命努力工作”。不管是想经营企业，还是想度过美好的人生，这一项都是必不可少的。

谦虚戒骄

谦虚是一种幸福

“六项精进”的第二项是“谦虚戒骄”。

我认为，“谦虚”是人类人格形成过程中最为重要的天资。我们经常说“某某人具有高尚的人格”，当一个人的人性中具备谦虚的美德时，我们便会这样形容他。

我不仅仅希望已经取得成功的

人能够做到“不居功自傲，不得意忘形”，还希望所有企业家都能保持谦虚的美德。不管是处于中小微型企业的创业期，还是处于大型企业的收获期，这种谦虚的态度必须一以贯之。

我在年轻时，学到了中国古书上的一句名言警语——“唯谦受福”（这句话出自《了凡四训》，《了凡四训》是一本讲述修身治世方式的书。作者为明代袁黄，字坤仪，后改名了凡。该书融汇了儒释道三家思想和真善美的中华文化，一直为各界人士传诵。——译者注）。如果没有谦虚的美德，就无法获得幸福；凡是能获得幸福的人，都必须具有谦虚的美德。受此教诲，当京瓷公司还只是一家中小企业时，我就非常重视培养自己谦虚的品格。

何况当自己所经营的公司业绩出众、发展壮大时，人往往会变得傲慢自大、得意扬扬。所以越是取得成功的时候，我越是提醒自己勿忘谦虚的美德。

“唯谦受福”是一句非常重要的警语。我希望大家务必谨记于心，视为准则。

在很多人眼中，世上的成功者似乎都是“踩着别人往上爬”的“强硬派”，但事实绝非如此。凡成功者，即便心怀热情和强烈的竞争意识，即便具有“燃烧的斗魂”，但其本性却是谦虚谨慎的。

谦虚的举止，谦虚的态度，这是人生在世非常重要的品格。然而，人一旦取得了成功或是拥有了地位，就往往会忘记谦虚的美德，容易变得傲慢。我认为，越是春风得意的人，“谦虚戒骄”的美德对其就越发重要。

天天反省

每日反省
能够净化灵魂

“六项精进”的第三项是“天天反省”。

当一天结束后，回顾当天自己的所作所为，并进行反省。这点非常重要。“今天有没有让别人感到不快；今天有没有对人态度冷淡；今天有没有表现出傲慢；今天有没有做出卑劣的举止；今天有没有自私自利的言行……”需要像这样回顾自己一天内所做的事，以确认自己的言行举止是否符合“人间正道”。

如果自己的言行举止中存在需要反省的地方，那么不管是多么小的事，都必须改正。通过这种“日日三省吾身”的方式，也能够提升人格，磨炼灵魂。

通过天天反省来荡涤自身心灵和磨炼自身灵魂的行为，对于创造美好人生，也起着非常重要的作用。如果一个人能在每天拼命努力工作的同时，坚持做到天天反省，那么其灵魂就能获得净化，变得美好。

我在年轻时，偶尔也会傲慢自大，所以我把反省当成一种日常习惯，坚持至今。当然，我无法做到每天反省，一天不落，但我能做到“一旦察觉自身错误，就立刻反省”。

耕耘、整理“心灵庭园”是关键

在20世纪初，有一位声名远扬的英国哲学家，他叫詹姆士·艾伦（詹姆士·艾伦，1864年—1912年，英国著名作家，被誉为20世纪“人文科学领域的神秘者”“心灵导师”，他一生著作颇丰，包括《做个思想者》《从贫穷走向权力》《命运的主宰》《感悟人生的困难》《冲破尘世的喧嚣》等经典作品，被译为数十种文字，畅销全球，成为励志和个人奋斗的精神标本。——译者注）。而直到我上了年纪后，才机缘巧合地拜读了他的著作《原因与结果法则》（Sunmark 出版社出版）。通过这本书，我对反省有了新的认识。我意识到，反省是一种耕耘、整理自身“心灵庭园”的行为。接下来，我向大家介绍一下书中的部分内容。

我们可以把人的心灵比作一个庭园，你可以聪明地去耕耘它，也可以放任不管。但无论如何，它里面都一定会生长些什么。如果你播下花草的种子，它就会长出美丽的花草；如果你什么也不做，那么杂草的种子最终会落在里面，导致庭园杂草丛生。

如果你不在自己的心灵庭园内播下美丽的花草种子，那么庭园就会杂草疯长，荒废破落。换言之，如果一个人不反省，那么其心灵就会沦为长满杂草的荒芜庭园。这就是詹姆士·艾伦想要表达的意思。接下来，他在书中还这样写道：

就像优秀的园艺家会耕耘庭园、除去杂草、种植美丽的花草一样，我们如果想度过美好的人生，那也要打理自己的心灵庭园。

要清除那些不纯洁的、错误的思想，并努力培养那些纯洁的、正确的思想。

优秀的园艺家会耕耘庭园，除去杂草。与此相同，我们也要耕耘自己的心灵庭园，通过天天反省来去除杂草，即必须消除自己的邪念，然后根植全新美好的思想。

换言之，我们必须反省邪念，然后在自己的心灵庭园里培养善念。詹姆士·艾伦把这样的行为比作“耕耘庭园”，我觉得这个比喻真是恰如其分。

詹姆士·艾伦在该书中还如此写道：

如果我们不断发展正确思想，那么就会

成长为品德高尚、思想崇高之人；如果我们不断发展错误思想，那么就会堕落为卑鄙低下、如同禽兽之人。

播种于我们心灵庭园（或者是我们允许其生根发芽）的所有“思想的种子”，都只会生长出与自身同类的东西。它们早晚会开花结果，从而影响我们自身的行为，最终改变我们所处的环境。如果我们的思想是健康有益的，那我们将收获喜悦；如果我们的思想是邪恶无知的，那我们将承受痛苦。

倘若心存善念，则结善果；倘若心存恶念，则结恶果。这便是詹姆士·艾伦想要表达的意思。

因此，詹姆士·艾伦忠告大家，“必须认真打理自己的心灵庭园，要拔除杂草，种植自己想要的美丽花草，勤于浇水和施肥”。

而这一系列的行为，正是反省。所以说，反省不但能磨炼自己的灵魂，还能给自己带来美好的幸福。

抑制自身的邪念，
发扬自身的善念

抑制自身的邪念与小我，让自己心中的善根发芽成长，这样的过程就叫作“反省”。而所谓善念，即人心中的“真我”，也就是“利他之心”，它是一种慈悲待人、以他人利益为重的善良之心、体谅之心。与其相对，所谓“自我”，是只关注自身利益的“利己之心”，是寡廉鲜耻的强烈欲望。

回顾自己度过的这一天，想想今天自己在哪些地方显露了“自我”，然后努力抑制，并进一步发扬自己的“真我”即“利他之心”。这样的过程便是“反省”。

我非常喜欢印度诗人、哲学家泰戈尔的一首诗。关于这首诗，我在以前的演讲中提到过很多次。今天借此机会，想再和大家分享一下。

在人的心中，同时存在着充满邪念、贪欲及利己之心的自己与充满善念、慈悲、关怀及利他之心的自己。换言之，人性分两面，一面贪婪卑贱，一面崇高美丽。对于这点，泰戈尔以这样的精彩诗句来描述：

我只身来到神面前。
可是，那里已经站着另一个我。
那个暗黑中的我，究竟是谁呢？
为了避开他，
我躲入岔路，
却无法摆脱。
他在大路上大摇大摆地迈步，
地面随之卷起沙尘，
我谦恭地低声私语，

他傲慢地大声复述。

他是心中卑贱的小我，

他是自私自利的自我。

主啊，他不知羞耻。

而我却羞愧难当。

伴随这卑贱的小我，

我来到了您的门前。

我具备“真我”的优良品质，包括善良和美丽的心灵、为他人着想的美德，可卑贱贪婪、自私自利的“另一个我”却也如影随形。“他”不知廉耻，而“我”则谦恭地活着。当欲望产生时，“我”只是窃窃私语——“那件东西，有点儿想要呢！”；可到了“他”的嘴里，却变成了大声叫嚷——“把那个给我！”

寡廉鲜耻、贪婪自私的“另一个我”，一直伴随着“我”。想摆脱“他”，他却一直如影随形。因为卑贱的“他”和“我”一样，同时存在于我的心中。

正因为如此，我们需要天天反省。通过反省，对邪恶、贪婪、卑贱的“自我”给予“当头棒喝”——“给我安分一点”“给我知足一点！”从而对其进行抑制。这么做很有必要，因为通过这种方法，能够磨炼灵魂、荡涤心灵。

我常说，提升心性和拓展经营之间是齐头并进、相辅相成的关系。企业家如果想拓展自己的事业，那么必须让自己的心性得到提升。

也就是说，企业家如果不磨炼自己的心，就无法出色地经营企业。这是我一直所强调的，希望大家能够重新认识这个道理，并将其付诸实践。

懷敬畏之心

活着就要感谢

感谢的言语能让自己和他人都心平气和

“六项精进”的第四项是“活着就要感谢”。

感谢是非常重要的。显然，任何一个人都无法单独在这个世界上生存。空气、水、粮食、家人和同事乃至整个社会，凭借着各式各样的周边条件和环境，人们才得以生存。甚至可以说，是这些条件和环境维持着人们的生命。

这么一想，如果自己身体健康，那就应该自然地流露出感激之情。如果能心生感激，那么势必就能感受到人生的幸福所在。

感谢自己还活着，感谢上苍让自己活着。我相信，一颗学会感受幸福的心，能够使人生变得丰富多彩、幸福温暖。

不要心怀不满，而要感谢自己目前的生活和境界，然后以更高的目标拼命努力。为此，首先必须感谢神灵让自己活着，并对自己周围的一切说一声“谢谢”。要以这种感恩的态度来度过每一天。

然而，“满怀感恩之心”这句话，说起来容易做起来难。在我年轻时，我告诫自己“即便口是心非，也要坚持说‘谢谢’”。对自己反复念叨“谢谢”，即使不能做到发自真心，也肯定能起到放松情绪、保持乐观的作用。

更何况一句发自真心的“谢谢”，不仅仅是自己，就连周围听到的人都会变得心情舒畅，心平气和，从而营造出开心愉快的氛围。反之，如果一个人浑身散发出郁郁寡欢、愤愤不平的“负能量”，那么不仅限于自己，还会给周围的人带来不幸。

不管多么细微的小事，都要对其心怀感激。这是重于一切的首要大事。一句“谢谢”之中，蕴含着巨大的力量。

一句“谢谢”，能引导自己进入愉悦美好的心灵境界；与此同时，还能让周围听到的人感受到这股善意和温暖。真可谓是“能除一切苦”，真实不虚的“万能灵药”。而我人生一路走来，就一直在坚持说“谢谢”。

“隐蔽念佛”培育了我的感恩之心

我父亲出生在一个小村庄，他的一户亲戚住在村子边上人烟稀少的深山之中。那户亲戚笃信“隐蔽念佛”。

江户时代，由于萨摩藩对净土真宗的禁令及打压，虔诚的教徒便把佛坛和佛像藏在山里人家的壁橱等地方，以此来守护自己的信仰，这便是“隐蔽念佛”的由来。

那还是在我升小学前，当时第二次世界大战尚未结束，父亲带我去参加“隐蔽念佛”。我们与江户时代的前人一样，手提灯笼，在黑漆漆的山路上步履蹒跚地朝着终点——深山中的一间破房子前行。进去一看，一位僧人在坐着诵经，在僧人的后面，五个小学生模样的孩子在双手合十地拜佛。

我也和那些孩子一起照着做，然后那位僧人对我父亲说：“你的孩子已经可以了。今天拜过后，就不用来了。”接着，僧人又回过头来教导我，他说：“小孩儿，从今往后，你每天都要念诵‘南无、南无，谢谢！’向佛表示感谢。你一辈子都要坚持，不可忘记。”在鹿儿岛，“南无阿弥陀佛”常常被念成“南无”。

然后，那位僧人又回过头对父亲说：“如果这孩子能遵照我的指示去做，那他就能度过美好人生。”幼时参加“隐蔽念佛”的这一段经历，我至今仍历历在目。

而那位僧人对我的指示，我也遵守至今，我一直坚持说“谢谢”，从未间断。

虽说我现在已经遁入空门，获得了禅宗僧侣的身份，但禅宗既没有教我大乘佛教的教义，也没让我念净土真宗的“南无阿弥陀佛”，但我每天早晚在家念诵禅宗经文时，最后一定会加一句“南无、南无，谢谢！”我现在依然保留着这样的习惯。

由于公司的业务需要，我从年轻时起就经常坐飞机去国外出差，也借机参观了不少基督教的教堂和伊斯兰教的清真寺等建筑。我对基督教和伊斯兰教的教义并不太了解，但我对天上唯一的神灵祈祷时，不管所在之处是基督教的教堂还是伊斯兰教的清真寺，我都一定会双手合十，念诵“南无、南无，谢谢！”

我认为，正因为自己一直常怀这份感恩之心，才有了如今的我，才有了如今的京瓷公司。

活着就要感谢

日语中的“谢谢”，原来的意思是“发生了难得的事”，也就是出现了“奇迹”。我能够创立像京瓷公司和第二电电这样伟大的公司，并使它们持续发展壮大。这正可谓是奇迹。

像我这样的平庸之辈，原本是不可能取得如此成就的。因此今天的这一切完全是感恩之心所激发的奇迹。对此，我必须要用“谢谢！这是上天难得的恩赐”这样的言语来表达我的感激之情。

一句“谢谢”，能在你身边营造美好的氛围。

想必大家也都有过这种经历。在电车里，如果给老人让座，老人就会弯着腰对你说“谢谢”。这时，让座的人会感到心情愉快，就连在周围见证这一幕的旁观者都会感到心情舒畅。

善意会向周边辐射，并且周而复始地循环。如果这样的好人好事能一件接着一件地发生，我相信，我们的社会就能变得更加地美好。

活着就要感谢。这点至关重要。

在表示感谢之意时，除了用“谢谢”一词之外，还可以用“不敢当”的说法。“不敢当”的原意是“我这样卑微的人居然如此幸运，真是不敢当”，即以谦恭的低姿态面对幸运的眷顾，进而表达“诚惶诚恐”的感恩之意。它与“谢谢”一样，都是一种感谢的表达方式。

另外还有一句古语，原本大概是武士阶层用语，叫“不胜惶恐”。最近人们几乎不用了，它的含义是“像我这样的人，却获得如此好的待遇，得到如此好的东西，实在是“不胜惶恐”。

有人说，“不敢当”这句话反映了日本人感受力很强，所以应该在全世界宣传推广。“不敢当”对日本人而言，是一句表达感谢的用语。像我这样卑微的人居然碰上这等好事，真是“不敢当”，这句话体现了人心之美。

一句“谢谢”，能让自己心情舒畅，也能让周围听到的人获得“正能量”。

極度認真地
過好每一天

积善行、思利他

积善行能带来幸运

“六项精进”的第五项是“积善行、思利他”。

中国古书中有“积善之家必有余庆”的说法。意思是“一户平日积善行、思利他的人家，自然会有好的果报”。不仅是行善的本人，就连他的家庭乃至整个家族都会有好事发生。这是中国古代的先贤们所主张的思想。

很早以前，我就一直对大家说"'因果报应法则'是确实存在的"。我在年轻时拜读了安冈正笃（安冈正笃，1898年—1983年，日本著名的汉学家、思想家、王阳明研究权威及管理教育家。——译者注）先生的著作《命运和立命》，给了我很大的启发与感悟。在该书中，安冈正笃先生论述道"这个世上存在着因果报应的法则，倘若一个人积累善行，他的人生就会获得好的果报"。

所以说，"利他行为"是关键，即以体谅之心和慈悲之心亲切、友好地待人。如果能做到这点，那么势必会为你的人生带来幸运的。

如果践行善举，那命运就会朝着好的方向转变，工作事业也会进入良性发展的轨道。我坚信这点，因此在企业经营方面，我也一直在努力实践“行善”及“利他”。

我们应该以“愚顽老实”的精神积累善行，也就是应该为世人为社会努力实践利他。我认为，这正是让自己的人生及企业经营变得越来越好的唯一方法。

对待他人应行“大善”，而非施“小善”

有句老话叫“与人方便，自己方便”，意思是“为他人所做的善事，最终一定会回报到自己身上”。

可另一方面，我们也会听说不少这样的事情——明明亲切待人、帮助他人，可最后却倒了大霉。比如，有的人为了让朋友脱离困境，当了朋友的借款担保人，自以为做了件好事，可结果由于连带责任而吃了大亏，损失了自己所有的财产。

还有的人禁不住请求拜托，把钱借给了陷入财务困境的朋友，可朋友迟迟不还，搞得自己非常烦恼。

所以有的人会说：“‘与人方便，自己方便’这句谚语说是乐善好施必有福报，但实际上并非如此。有时候你明明热心地帮助别人，换来的却是自己的不幸。”

但我认为，这样的想法是错误的。

我经常讲到，在经营企业时，有一个判断准则便是“大善”与“小善”。当朋友因为缺钱而前来求助时，如果出于怜悯而借钱给他，表面上看是帮助了朋友，但其实是让花钱大手大脚的朋友变得愈加堕落。

债台高筑、周转不灵，这都是朋友平日花钱大手大脚、毫无计划性和责任感所酿成的恶果。如果仅仅是出于怜悯同情而把钱借给他，那等于是进一步助长了他不负责任、大手大脚的陋习。

这种行为正是维护朋友眼前利益的“小善”。这种对于朋友的“爱心”和“帮助”，会让朋友更加误入歧途。

俗话说“棒打出孝子，娇养忤逆儿”。

同样道理，“大善”之举会给人以“不近人情”的错觉。譬如，当朋友恳求道“借我钱吧”“当我的担保人吧”，应该向朋友问清楚他落入这般境况的原委，并认真调查真相。如果这完全是朋友行为不检或不负责任所导致的后果，那就应该毅然拒绝朋友借钱的请求，并教导朋友直面困境、奋发图强。这才是“大善”。

反之，如果唯唯诺诺地答应朋友的请求，又是借钱又是当担保人，结果把自己也牵连进去，使自身遭受不幸。这只能说是“小善”。

所以说，当别人遇到困难时，不是单纯地伸出援手就可以了，而是要做出判断。问题的关键在于“是做出‘小善’的判断，还是做出‘大善’的判断”，即“提供什么方式的帮助”。

这样看来，“与人方便，自己方便”这句话还是没错的。我相信，“为人行善”这件事，从原则上来说是绝对正确的。

说到被人借钱，我也有类似的经历。我的父亲有一位恩人，在第二次世界大战那个兵荒马乱的年代，我父亲很受他的照顾。当京瓷公司处于从中小企业向骨干企业转变的成长期时，那位恩人的公子曾经赶到京都来拜访我，他对我说：“我现在处境非常困难，借我点儿钱吧。”

当我得知那位公子的父亲是我父亲的恩人后，就把钱借给了他。

可是，他既没有留借据，也没有说明偿还计划，而我通过观察，也知道他是个不太负责的人。所以我虽然嘴上对他说“这笔钱借给你”，但其实我早就做好了白给他的准备。打一开始，我就不指望他会还钱，所以我一次都没有去催过债。而他也杳无音讯，对于欠钱不还的行为，连一个表示歉意的电话都没打来过。不过因为我一开始就没打算要他还钱，所以对此没有丝毫烦恼。

从以前到现在，向我提出过借钱请求的人有很多。这其中，凡是我答应借的，其实我都是做好了白给的打算。至于以“对方日后偿还”为前提的借款行为，我一次都没有过。正因为如此，我从来没有那种“明明做了好事，却被对方背叛了”的体验。

而“为了对方着想，故意不答应借钱”的事情，我倒是做过。有一次，我公司一名员工的父亲陷入困境，他们父子俩深夜拜访我的住处。当时，我在认真聆听了事情原委后，断然拒绝了他们的借款请求。

我对那位员工的父亲说：“如果我借钱给您，并不能真正对您有所帮助。虽然我难以体会您目前的艰难处境，但恕我还是不能答应借钱。您必须直面当前的困境，咬牙挺过去。”

当时我自己也觉得“这样拒绝他们，实在有点太冷漠了”。不过事实证明，我当时的决定是正确的。当时与那位父亲一起上门拜访的儿子、也就是我的那名员工，如今已经是京瓷公司的干部，在岗位上大显身手。而他的父亲后来也脱离困境，精神饱满，听说他父亲很感谢我当时所说的那番话。

如果大家想让自己的人生精彩而美好，如果想让自己的企业蒸蒸日上、长足发展，那么请真正努力做到“积善行、思利他”。

不要有感性的烦恼

在反省之后，
要忘记曾经的失败

“六项精进”的最后一项，是“不要有感性的烦恼”。

在我年轻时，曾经有着各种各样的烦恼，因此我深感“不要有感性的烦恼”这种思维方式的重要。

人生在世，操心、失败等烦恼是家常便饭。但正所谓“覆水难收”，既然失败已成定局，那么不管怎么悔恨、怎么烦恼，都是毫无意义的。

如果一直耿耿于怀、愤愤不平，那只会引起心理疾病，乃至成为肉体疾病的病灶，从而使自己的人生陷入不幸之中。因此我们不要为了已经发生的事烦恼不已，而应该重新振作，拥抱新的思想，付诸新的行动。这点非常重要。

对于已经过去的事情，要进行深刻反省。但不要在感情及感性的层面上反复纠结，增加心理负担。应该理性地思考各种问题，迅速把自己的注意力转移到新思维和新行动中去。我相信，一个人通过这样的处事方式，能够让自己的人生变得更加精彩。

我们常常会因为工作上的失败而担心忧虑，可即便再怎么担心忧虑，失败已是既成事实，不可能推倒重来。脑子里明明知道悔恨和烦恼是无济于事的，可还是忍不住反复想："当时如果那个环节顺利的话……"于是心头的愁云就这样挥之不去。

我之所以讲"不要有感性的烦恼"，就是为了让大家停止这种增加自身心理负担的无谓之举。所谓"事已至此，无可奈何"。应该坦然地接受现实，全身心地投入到新的工作中。

比如，被卷入某起丑闻，受到道德及法律的追究，本人自不必说，还给自己的亲兄弟及周围的人增添了很大的麻烦。就算遭遇了如此大的挫折与失败，在充分反省事情的起因，在心中发誓今后永不再犯之后，就应该调整心态，努力打拼，而不要再对此事纠结了。

有的人因为丑闻而名誉受损后，心中的烦恼挥之不去，使得身心交瘁，最后走上了自杀的绝路。我奉劝大家在遇到类似的失败或挫折时，不要一直耿耿于怀，自寻烦恼，最终导致情绪抑郁。

人之所以会碰到各种倒霉事，是过去自己所犯下的罪孽、也就是业障所招致的结果。当下所受的责难非议，是业障在现世的显现。

因此，我们必须反省，并做到下不为例，但没有必要一直耿耿于怀，忧愁烦扰。不仅如此，我们反而应该激励心力交瘁、垂头丧气的自己，让自己重新振作起来。这点很重要。

不管自己的名誉遭到了多大的损害，都要鼓起勇气直面现实，并重新振作起来。即便发生了非常大的丑闻，导致自己无颜面对自己的家人、亲戚、朋友，乃至自己的公司和整个社会，也不要一直耿耿于怀，烦恼痛苦，应该在反省之后鼓起勇气，投入到新的工作中去。这点很重要。

禅师的一句话
拯救了逆境之中的我

二十几年前，有一件发生在我身上的事，让我对这个道理有了深入的体会和理解。当时，京瓷公司由于生产制造精制陶瓷材质的人工膝关节而遭到媒体的“围攻”。

人类的细胞会对金属产生排异反应，但却能够在陶瓷表面生长。换言之，陶瓷与人体组织具有良好的亲和性。得益于陶瓷的这种特性，加上日本医学界的各位专家的指导帮助，京瓷公司成功制造出了人造骨骼。

最初研发的是用于牙科治疗的假体植入物，京瓷公司的技术人员与相关领域的专家共同研究，最终成功地把人造牙根运用于实际治疗中。之后又开发出了摩擦系数较低的人工股关节，给因为腰关节损伤而无法步行的人们带来了福音。

当时的厚生省（厚生省是原日本政府部门之一，在2001年与劳动省合并，改组为厚生劳动省。厚生劳动省是日本负责医疗卫生和社会保障的主要部门。——译者注）对京瓷公司颁发了生产销售股关节的许可证后，产品一经上市，便立刻受到了许多医生的高度评价。他们希望京瓷公司接下来能制造人工膝关节。

然而，如果没有得到厚生省的许可，即便制造出了人工膝关节，也是不能上市销售的。需要进行临床试验，并把相关数据提交给厚生省。可当时的医生们说：“陶瓷材质的人工股关节已经获得了非常好的临床效果，受益的病例就有好几百例，所以用陶瓷做人工膝关节是没有问题的。我们这些医生会负责的，为了许许多多受病痛困扰的患者们，希望你们京瓷公司能尽快制造出人工膝关节。”

如此殷切的恳求打动了我们公司的技术人员，于是他们开始了人工膝关节的制造与供货。

与人工股关节一样，膝关节也取得了非常好的临床效果。面对日益增长的需求量，我们公司努力加紧生产，可突然有一天，一篇新闻稿引起了轩然大波。

报纸和杂志等媒体纷纷大肆报道，“京瓷公司在未经厚生省许可的情况下，擅自销售精制陶瓷材质的膝关节而敛财，在人命关天的医疗领域，居然为了生意而销售未经有关部门认证的产品，真是一家黑心企业”。

这起事件所导致的影响，绝非仅仅是我个人名誉受损这么简单，京瓷公司在媒体连日的口诛笔伐之下，成了一家“以病人为诱饵，大发横财”的企业，公司的整体形象大幅受损。我本人一次次地去厚生省说明情况和检讨道歉。而各媒体每次都会在场，架着一排排摄像机，拍我低头道歉的样子，在电视上连续播放了几天。这让我羞于面对自己的家人、公司的同事和街坊邻居。我的信用和名誉遭受了巨大的损害。

当时我坐立不安，内心非常痛苦。为了寻求慰藉和帮助，我去拜访了临济宗妙心寺派圆福寺的西片担雪禅师。如今西片担雪禅师已经不在，他在两年前已经圆寂。

见到西片担雪禅师后，我一边喝着他泡的抹茶，一边向他诉苦。

在听完了我的倾诉后，他说："稻盛君，你之所以能感受到这样的烦恼和痛苦，正是因为你活着。人如果死了，那么就连烦恼和痛苦都感受不到了。你的烦恼和痛苦，正是你活着的证明，难道不是件好事吗？"

确实，人既然活着，那势必要承受烦恼和痛苦。我所尊敬的禅师既然都这么说了，那就应该是这么个道理吧。但禅师或许是从我的表情察觉到了我的心境——在我的内心深处，并没有完全释怀。于是他又对我说：

“稻盛君，我不知道你过去犯了怎样的罪孽，但一个人积累的业障，会以灾难的形式在我们所能感知的主观世界显现。你之所以会倒霉，是你在过去所犯的罪孽、也就是业障所造成的结果。而随着灾难的发生，相应的业障也就抵消了。”

“如果你遭遇的灾难夺走了你的性命，

那么你的今生也就落下帷幕了。可看看你自己，稻盛君，你身体健康，精神抖擞，京瓷公司也依然是一家欣欣向荣的优秀企业。虽然由于人工膝关节的问题，大家对你及你们公司的批判甚嚣尘上，使你烦恼痛苦，感觉无地自容。但这种程度的灾难就把你过去的罪孽抵消了，稻盛君，你应该煮红小豆饭（红小豆饭是指把煮过的红小豆连豆带汤拌在糯米里蒸制而成，一般有喜庆事儿的时候，日本人才会吃红小豆饭。——译者注）、摆酒宴庆祝才对啊。”

起初，我对禅师的这番话难以接受——

我是如此地烦恼痛苦，可他却说出这么“没心没肺”的话，但在回到家后，我幡然顿悟，感觉自己获得了救赎。如果说这种程度的灾难就能抵消我的罪孽，那么我甘愿承受世人对我的这种非难。当我觉悟到“这是为了洗净自身灵魂污垢而必需的忏悔”的一瞬间，我顿时感到身心开朗，海阔天空。

我们要有这样的认识——自己遭遇的灾难，是自己过去所犯的罪孽、所造的业障所结出的“业果”。如果自己所遭遇的并非危及生命的灾难，那么反而应该庆贺。要以这样的思维方式斩断烦恼忧愁的枷锁，忘记过去的失败，并充满活力、满怀希望地迈向新的人生之路。如果想度过美好的人生，那么必须做到这点。

对大家而言，这点至关重要。往后的经济形势恐怕会愈发严峻。像赊销款无法收回、应收票据无法兑现等纠纷和倒霉事或许会经常发生。在面对这样的困难时，不要有感性的烦恼，而要奋力渡过难关，以积极乐观、努力拼搏的态度生活。

“六项精进”这个话题，我过去也曾讲过。今天之所以对各位“老调重弹”，是因为我觉得更为严峻的经济低迷期即将到来。

另一方面，为了在座的年轻企业家们，我觉得也有必要再讲一讲我年轻时讲过的内容。我认为，这应该是很有意义的。

请大家务必学习和实践“六项精进”，把自己的企业经营得更出色，让自己的人生更精彩。

谢谢大家。

大善似無情

活法的真髓

5

稻盛和夫箴言集

41

之前的箴言集收录于“稻盛开讲”系列的以下分册中。

活法的精髓 1（1~10）刊载于《稻盛开讲 1：人为什么活着》

活法的精髓 2（11~20）刊载于《稻盛开讲 2：经营力》

活法的精髓 3（21~30）刊载于《稻盛开讲 3：作为人，何谓正确？》

活法的精髓 4（31~40）刊载于《稻盛开讲 4：付出不亚于任何人的努力》

在思考人类和宇宙整体的时候，就需要站在造物主的视角上观察。只在局部上精雕细刻，决不可能正确地理解整体。现在的科学或者说现在的学者，他们往往只见树木不见森林，只论述局部而迷失了整体。所谓“造物主的视角”，就是观察和把握全局，为了让这个世界变得更好，我们人类应该具备什么样的思维方式，我认为这一点是现代社会最为必要的。

《心法：稻盛和夫的哲学》

42

能够让企业发展的只有创造，当然开发新产品也是创造之一。我认为创造应该可以细分为以下四种：“创造新需求”“创造新市场”“创造新技术”“创造新商品”。但是这四种创造并非独立无关，而是浑然一体的存在。例如就你而言，可以将成功的技术创造连接在商品创造上。如果能接着唤醒消费的需求，就会再连接上市场的创造。

《稻盛和夫的实学：经营三十四问》

43

开展事业的时候如果依感情判断，凭感情行动，势必乱套，以致不可收拾；如果依感情判断，再凭理性采取行动，仍会走错方向，那么依理性判断，凭理性行动又会怎样呢？结果是谁也不愿追随。我认为，在事情的开始阶段，必须用理性思考。在实际执行阶段再融入情感因素，这才是恰当的做法。

《心法：稻盛和夫的哲学》

44

一心“利他”的善良“思想”不仅能够让我们赢得周围人的支持，同时也让我们获得上天的垂青，并最终将自身导引上走向成功的道路。而与之相反的是，如果只会一心耍小聪明、玩弄计谋，凡事只要自己好就行，以这种低层次“思想”为出发点的话，那么我们不仅得不到他人的合作和上天的眷顾，还会遇到各种障碍，不断遭受挫折。

《活法伍：成功与失败的法则》

45

在商业世界取胜，首先需要的就是斗魂，就是“无论如何也要取胜”“不管怎样也必须成功”的一种气势；就是摸爬滚打、不顾一切、奋勇向前的一股冲劲。激起“燃烧的斗魂”、付出“不亚于任何人的努力”者生存；没有斗魂、不肯努力者灭亡。结果只能如此。

《心法贰：燃烧的斗魂》

46

遭遇艰难困苦而想要摆脱，这就是人。想要摆脱却怎么也摆脱不了，这种情形往往居多。倒霉也罢，厄运也罢，忍受它们，保持开朗的心境朝前看，坚持努力，不懈怠，这就是人生。我的人生就是这样，靠着开朗的心境和不懈的努力，我实现了自己的理想。

《活法青少年版：你的梦想一定能实现》

47

一流大学毕业、头脑聪明的大企业的董事，许多人到客户那里推销产品却不懂得要低声下气，要像小伙计一样，低头搓手，恳求订单。我们必须有当仆人的精神，这是商业活动的基础。

《心法贰：燃烧的斗魂》

48

人生并非“偶然”的连续，好事坏事交替而来才是人生。青年朋友们，你们代表将来的时代。遇到挫折时请不要颓丧，痛苦的时候要坚持奋斗，奋斗必有硕果，奋斗使你的人生更加多彩，使你的人格更加高尚。

《活法青少年版：你的梦想一定能实现》

49

我认为在选拔领导时，不应该以才能，而是应该以他是否能够作出符合人间正道的判断来作为标准。也就是说，我们不应选择那些以自身才干自负、以自我利益优先、以个人喜恶为追求的人。而必须选择那些甘于为了组织和集体牺牲自我的人。

《活法肆：人生与经营的法则》

50

一家公司总有许多小涡流，好似随处可见的激流。如果你只是随波逐流，终会被卷入这些漩涡。若要从工作中体验到真正的愉悦与狂热，你必须做涡流的中心。积极一点，就像要把周围的人全都卷进来那样。

《活法贰：追求成功的热情》